I0817011

Pequeñas Estrellas

Un libro de El Semillero de Crabtree

Taylor Farley y Pablo de la Vega

Crabtree Publishing
crabtreebooks.com

JAKO
SPORT
DUWE
Beauty & Wellne
Tagesschönheitsfarm
Düsseldorfer Str. 542
47055 Duisburg

Estoy en un equipo de **fútbol**.

Protegemos nuestras piernas con **espinilleras**.

Nos ponemos las espinilleras bajo los calcetines.

Los **tacos** nos ayudan a sujetarnos al piso y girar rápido.

Jugamos en un campo de fútbol.

portería

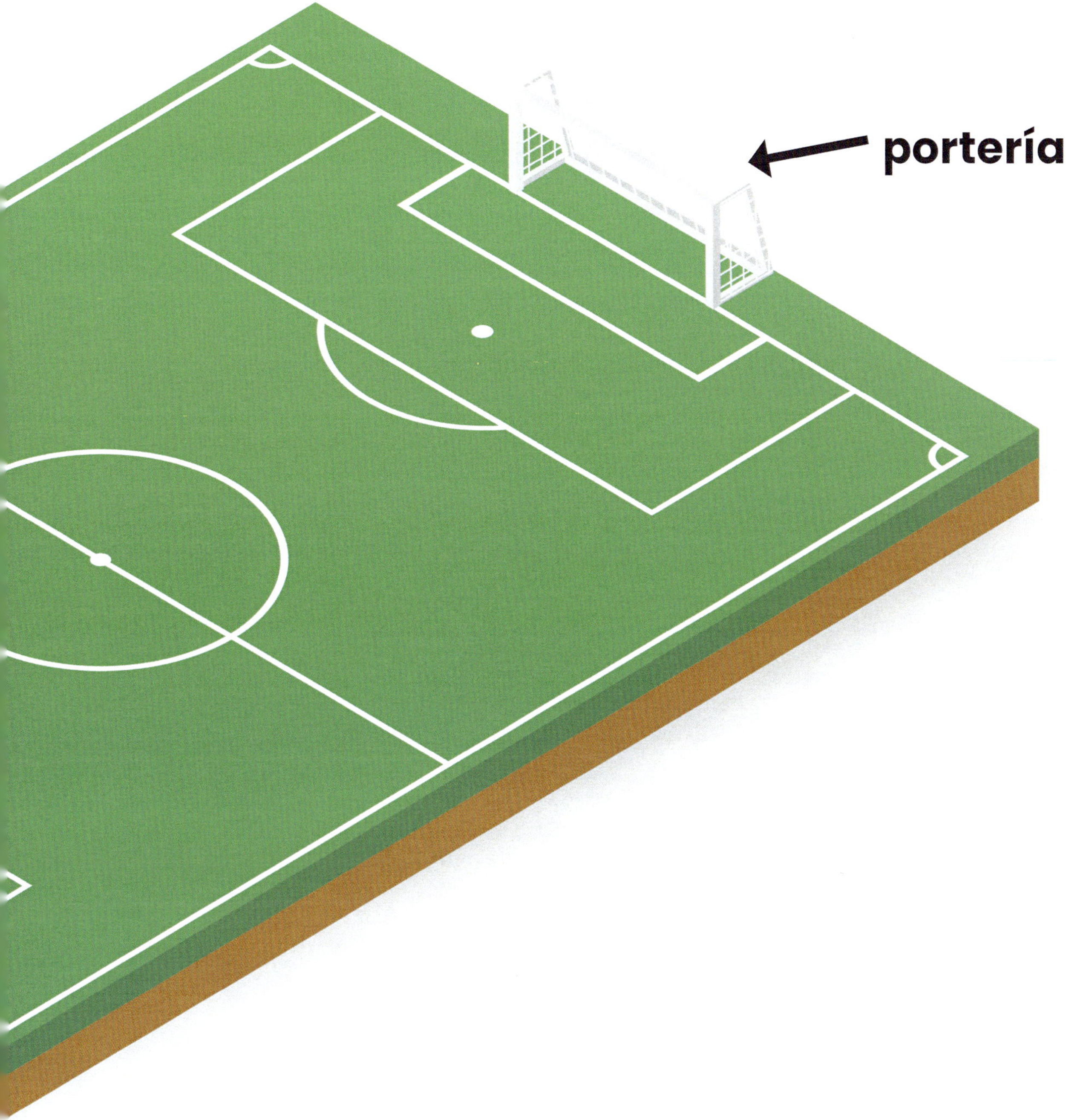

portería

Hacemos ejercicios de calentamiento antes de cada juego.

El árbitro se asegura de que sigamos las reglas.

Pateamos, **driblamos** y pasamos el balón.

Cada equipo intenta meter el balón en la **portería**.

portero

El **portero** cuida la portería e intenta evitar que el balón entre en ella.

El equipo que meta más goles gana.

Glosario

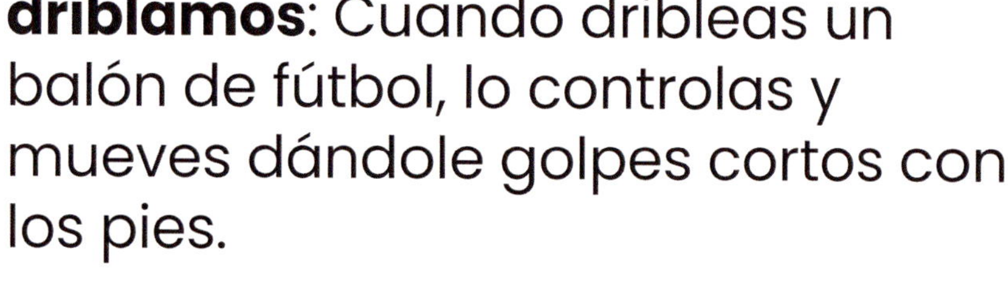

driblamos: Cuando dribleas un balón de fútbol, lo controlas y mueves dándole golpes cortos con los pies.

espinilleras: Las espinilleras son protecciones firmes que se colocan debajo de los calcetines para proteger las espinillas de los jugadores.

fútbol: El fútbol es un deporte que se juega con dos equipos. Cada equipo intenta meter el balón en la portería del equipo contrario para anotar un gol.

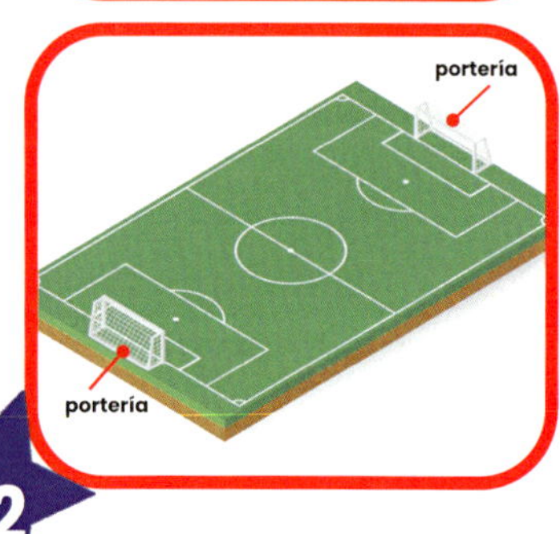

portería: Los goles se anotan cuando un jugador mete el balón en la portería de alguno de los equipos.

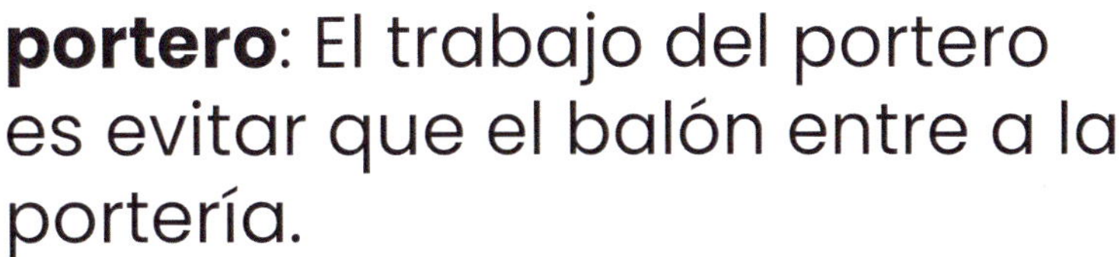

portero: El trabajo del portero es evitar que el balón entre a la portería.

tacos: Los tacos son los picos o protuberancias que tienen algunos zapatos deportivos en las suelas.

Índice analítico

Apoyos de la escuela a los hogares para cuidadores y maestros

Los libros de El Semillero de Crabtree ayudan a los niños a crecer al permitirles practicar la lectura. Las siguientes son algunas preguntas de guía que ayudan a los lectores a construir sus habilidades de comprensión. Algunas posibles respuestas están incluidas.

Antes de leer:

- **¿De qué piensas que tratará este libro?** Pienso que este libro tratará sobre fútbol. Quizá nos enseñará las reglas del juego.
- **¿Qué quiero aprender sobre este tema?** Quiero saber qué ropa y equipo usan los jugadores de fútbol.

Durante la lectura:

- **Me pregunto por qué...** Me pregunto por qué el árbitro muestra una tarjeta amarilla en la fotografía de la página 13.
- **¿Qué he aprendido hasta ahora?** Aprendí que los jugadores de fútbol usan espinilleras para proteger sus piernas, y tacos para no resbalar. También usan uniformes.

Después de leer:

- **¿Qué detalles aprendí de este tema?** Aprendí que los jugadores de fútbol siguen las reglas. Le hacen caso al árbitro.
- **Lee el libro de nuevo y busca las palabras del vocabulario.** Veo la palabra *driblamos* en la página 15 y la palabra *portero* en la página 19. Las otras palabras del vocabulario están en las páginas 22 y 23.

Crabtree Publishing

crabtreebooks.com 800-387-7650

Print book version produced jointly with Blue Door Education in 2021

Written by: Taylor Farley
Translation to Spanish: Pablo de la Vega
Edition in Spanish: Base Tres

Hardcover	978-1-4271-3170-6
Paperback	978-1-4271-3188-1
Ebook (pdf)	978-1-4271-3205-5
Epub	978-1-4271-4824-7
Read-along	978-1-4271-3602-2
Audio book	978-1-4271-4823-0

Library and Archives Canada Cataloguing in Publication

Title: El fútbol de las pequeñas estrellas / Taylor Farley y Pablo de la Vega.
Other titles: Little stars soccer. Spanish
Names: Farley, Taylor, author. | Vega, Pablo de la, translator.
Description: Series statement: Pequeñas estrellas | Translation of: Little stars soccer. | Translated by Pablo de la Vega. | "Un libro de el semillero de Crabtree". | Includes index. | Text in Spanish.
Identifiers: Canadiana (print) 20210097809 | Canadiana (ebook) 20210097817 | ISBN 9781427131706 (hardcover) | ISBN 9781427131881 (softcover) | ISBN 9781427132055 (HTML) | ISBN 9781427136022 (read-along ebook)
Subjects: LCSH: Soccer—Juvenile literature.
Classification: LCC GV943.25 .F3718 2021 | DDC j796.334—dc23

Published in Canada
Crabtree Publishing
616 Welland Avenue
St. Catharines, Ontario
L2M 5V6

Published in the United States
Crabtree Publishing
347 Fifth Avenue
Suite 1402-145
New York, NY 10016

PHOTO CREDITS:
Cover © Fotokostic; page 2-3 © Tumarkin Igor - ITPS; page 4 © MaZiKab, page 4-5 © Bull's-Eye Arts; page 6-7 © Pedro Monteiro; page 8-9 © GarikProst; page 10-11 g Fotokostic; page 12-13 © bikeriderlondon; page 14-15 © Nirat.pix; page 16-17 © Vladimir57; page 18-19 © leon58; page 21 © Monkey Business Images; page 22 middle photo © Vladimir57.
All photos from Shutterstock.com

Printed in Canada/122023/CP20231211

Library of Congress Cataloging-in-Publication Data

Names: Farley, Taylor, author.
Title: El fútbol de las pequeñas estrellas / Taylor Farley y Pablo de la Vega.
Other titles: Little stars soccer. Spanish
Description: New York, NY : Crabtree Publishing Company, 2021. | Series: Pequeñas estrellas : un libro de el semillero de Crabtree | Includes index.
Identifiers: LCCN 2020056831 (print) | LCCN 2020056832 (ebook) | ISBN 9781427131706 (hardcover) | ISBN 9781427131881 (paperback) | ISBN 9781427132055 (ebook) | ISBN 9781427136022 (epub)
Subjects: LCSH: Soccer--Juvenile literature.
Classification: LCC GV943.25 .F3618 2021 (print) | LCC GV943.25 (ebook) | DDC 796.334--dc23
LC record available at https://lccn.loc.gov/2020056831
LC ebook record available at https://lccn.loc.gov/2020056832